# Tessloffs erstes Buch der Schnellsten Flitzer

Ian Graham

Tessloff Verlag

# Inhalt

**4** Immer schneller

**6** Tolle Weltrekorde

**14** Höchste Leistungen

**16** Schnittige Rennräder

**24** Die Wellenreiter

**26** Schnell wie der Wind

*Autor:* Ian Graham
*Redakteurin:* Lauren Robertson
*Designer:* Floyd Sayers
*Redaktionsassistent:* Barnaby Harward
*Illustrator:* Mark Bergin
*Übersetzung:* Lioba Schafnitzl

Titel der Originalausgabe:
My Best Book of Speed Machines
Published by arrancement with
Kingfisher Publications Plc

Copyright © Kingfisher
Publications Plc 2002

Copyright © 2003
Tessloff Verlag, Nürnberg

Alle Rechte vorbehalten.
Kein Teil dieses Werkes darf ohne schriftliche Einwilligung des Verlages in irgendeiner Form (durch Fotokopie, Mikrofilm oder ein anderes Verfahren) reproduziert oder unter Verwendung elektronischer Systeme verarbeitet, vervielfältigt oder verbreitet werden.

ISBN 3-7886-0918-4

**8** Die Schnellsten zu Lande

**10** Nur einer kann siegen

**12** Was für eine Maschine!

**18** Heiße Öfen

**20** Zügig unterwegs

**22** Leinen los!

 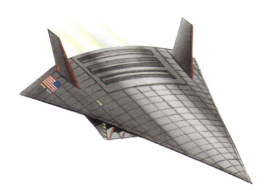 

**28** Rasante Raketen

**30** Rekorde ohne Ende?

31 Glossar
32 Register

# Immer schneller

Viele Menschen genießen es, rasant zu fahren. Aber wie schnell wir auch unterwegs sind – es gibt immer jemanden, der noch schneller sein möchte. Im Jahr 1769 setzte der Franzose Nicolas Joseph Cugnot eine Dampfmaschine auf einen dreirädrigen Karren. Er erfand das erste Fahrzeug, das sich aus eigener Kraft an Land bewegen konnte. Der Wagen war noch so langsam, dass man ihn mühelos zu Fuß überholen konnte. Seitdem haben die Menschen immer schnellere Autos, Flugzeuge, Schiffe und Züge gebaut. Inzwischen gibt es sogar Fahrzeuge, die sich schneller bewegen als der Schall!

### Cat-Link V

1998 stellte das Schiff *Cat-Link V* mit der bis dahin schnellsten Atlantiküberquerung durch ein Passagierschiff einen Rekord auf. Die Überfahrt von Amerika nach England dauerte genau 68 Stunden.

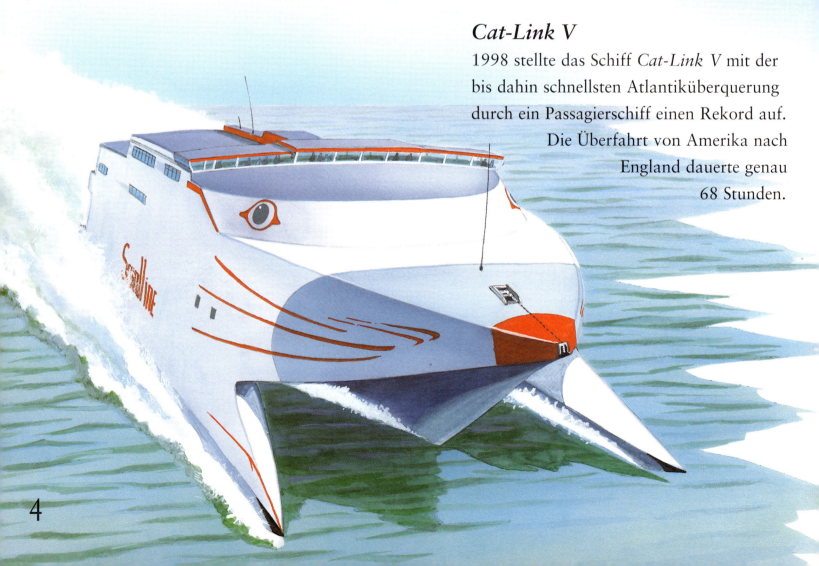

## Lockheed SR-71 *Blackbird*

Schallwellen pflanzen sich rasend schnell durch die Luft fort. Manche Flugzeuge fliegen jedoch noch schneller als der Schall. Deshalb sehen wir so eine Maschine schon am Himmel, bevor wir sie hören. Das Aufklärungsflugzeug Lockheed SR-71 *Blackbird* kann mehr als die dreifache Schallgeschwindigkeit erreichen. Es ist das schnellste Düsenflugzeug der Welt. Sein Temporekord aus dem Jahr 1976 liegt bei 3 529 km/h.

## Die *Blue Flame*

Gary Gabelich erreichte 1970 in einem mit Raketenantrieb ausgestatteten Landfahrzeug names *Blue Flame* eine Rekordgeschwindigkeit von 1 015 km/h. Das ist schneller als ein Jumbojet fliegen kann.

### Super Sabre
1955 galt der F-100C *Super Sabre* Jagdbomber als das schnellste Flugzeug der Welt. Er stellte in jenem Jahr mit 1 323 km/h einen neuen Geschwindigkeitsrekord in der Luft auf.

### Mallard
Im Jahr 1938 wurde die englische *Mallard* mit 201 km/h und sieben Waggons im Schlepptau zur schnellsten Dampflokomotive gekürt.

### Stanley Steamer
Im Jahr 1906 brach ein dampfgetriebener Wagen names *Stanley Steamer* mit 204 km/h alle bisherigen Geschwindigkeitsrekorde am Boden.

### Bluebird
1946 schaffte Donald Campbell in seinem berühmten Auto *Bluebird* einen Temporekord am Boden von 649 km/h.

# Tolle Weltrekorde

## X-15
Im Jahr 1967 beschleunigte ein X-15 Raketenflugzeug auf 7 274 km/h, also auf beinahe siebenfache Schallgeschwindigkeit.

Fahrzeuge, die heute noch Geschwindigkeitsrekorde aufstellen, sind erstaunliche Maschinen. Viele werden nur deshalb gebaut, um neue Höchstleistungen zu vollbringen. Sie sind stromlinienförmig gebaut, um mit möglichst geringem Widerstand durch die Luft oder das Wasser zu gleiten. Oft besitzen sie einen Düsen- oder Raketenantrieb.

## *Thrust 2*
1983 galt *Thrust 2* als das schnellste Fahrzeug der Welt. Es stellte mit 1 013 km/h einen neuen Rekord am Boden auf.

## *Spirit of Australia*
Die *Spirit of Australia* war 1978 das schnellste Boot der Welt. Ken Warby erreichte damit eine Geschwindigkeit von 511 km/h.

# Die Schnellsten zu Lande

Von allen Geschwindigkeitsrekorden ist der Temporekord an Land der begehrteste. Im Jahr 1898 erreichte das schnellste Auto der Welt eine Spitzengeschwindigkeit von 62 km/h – das ist langsamer als heute die meisten Achterbahnen fahren. In den Sechzigerjahren des 20. Jahrhunderts lag der Rekord bei 630 km/h. Um noch schneller zu werden, wurde eine andere Antriebsart benötigt. 1963 schlug ein Auto mit Düsentriebwerk alle bisherigen Höchstleistungen. Das Zeitalter des Düsenantriebs hatte begonnen.

### *Goldenrod*
Im Jahr 1965 fuhr Bob Summers mit seinem *Goldenrod* 658 km/h schnell. Das war der letzte Geschwindigkeitsrekord ohne Düsenantrieb.

### Rolls-Royce *Bluebird*
1935 erreichte Malcolm Campbell in seinem Rolls-Royce *Bluebird* mit 484 km/h seinen neunten Geschwindigkeitsrekord am Boden.

### *Spirit of America*
Craig Breedloves letztes Modell des Düsenfahrzeugs *Spirit of America* verlor 1997 das Rennen um den Temporekord der Überschallklasse am Boden.

### Thrust SSC

Am 15. Oktober 1997 beschleunigte Andy Green das Düsenfahrzeug *Thrust SSC* auf atemberaubende 1 227 km/h. Er erzielte damit den ersten Geschwindigkeitsrekord der Überschallklasse am Boden.

# Nur einer kann siegen

**Autorennen gehören zu den aufregendsten Sportarten, die es gibt.** Die meisten Rennen der Formel-1, oder des Grand Prix, finden auf speziellen Rennstrecken statt. Wer als Erster über die Ziellinie rollt, ist Sieger. Rallyes finden auf Pisten in schwierigem Gelände statt. Sie werden für den normalen Verkehr kurzzeitig gesperrt. Die schnellsten Flitzer haben eine tiefe Straßenlage und nur einen Fahrersitz in der Mitte.

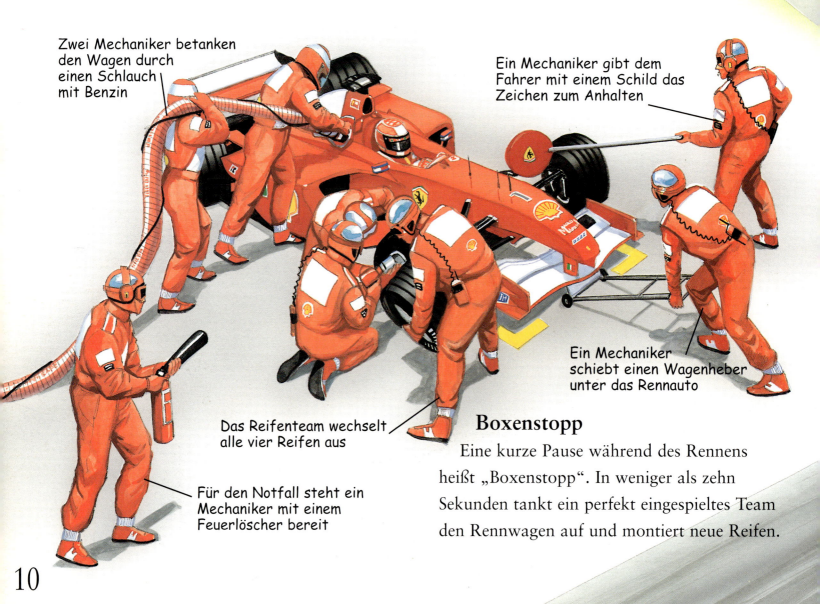

Zwei Mechaniker betanken den Wagen durch einen Schlauch mit Benzin

Ein Mechaniker gibt dem Fahrer mit einem Schild das Zeichen zum Anhalten

Ein Mechaniker schiebt einen Wagenheber unter das Rennauto

Das Reifenteam wechselt alle vier Reifen aus

Für den Notfall steht ein Mechaniker mit einem Feuerlöscher bereit

### Boxenstopp

Eine kurze Pause während des Rennens heißt „Boxenstopp". In weniger als zehn Sekunden tankt ein perfekt eingespieltes Team den Rennwagen auf und montiert neue Reifen.

Audi R8

### Le Mans
Das Autorennen von Le Mans in Frankreich dauert 24 Stunden. Jeder Rennwagen hat mehrere Fahrer. Das Team, das in der festgelegten Zeit am weitesten fährt, gewinnt das Rennen.

### Grand Prix
Ein Streckenposten schwenkt für den Fahrer des Siegerwagens die schwarz-weiß karierte Flagge. Das bedeutet, dass das Rennen vorbei ist.

# Was für eine Maschine!

**Rennen mit so genannten „Dragstern" sind die schnellsten Autorennen der Welt. Sie werden über die kürzesten Distanzen gefahren.** Einige Dragster erreichen Geschwindigkeiten von über 500 km/h. Dabei kann das ganze Rennen vom Start bis zum Ziel in weniger als fünf Sekunden gefahren werden. Es treten immer zwei Dragster-Fahrer gegeneinander auf einer geraden Strecke an. Sie ist nur 402 Meter lang.

**Dragster-Rennen**
Bei einem Dragster-Rennen schießen die Fahrzeuge mit ohrenbetäubendem Motorendonner über die Startlinie. Die mächtigen Hinterreifen treiben sie mit Höchstgeschwindigkeit voran.

### Reifen, die greifen
Vor dem Rennen lassen die Fahrer die Hinterreifen durchdrehen, um sie zu erhitzen. Dadurch erhöht sich ihre Bodenhaftung.

### Fallschirm-Bremse
Dragster werden am Ende des Rennens mit Fallschirmen gebremst. Diese schießen hinten aus den Fahrzeugen heraus.

# Höchste Leistungen

Ein Auto der Hochleistungsklasse ist schnell und angenehm zu fahren. So genannte „Supercars" (englisch „Superautos") und „Muscle Cars" (englisch „Muskelautos") sind leistungsstarke Autos und mit bis zu 360 km/h die schnellsten Fahrzeuge auf unseren Straßen. Bei den bequem ausgestatteten Supercars befindet sich der Motor oft hinter dem Fahrer. Bei den Muscle Cars ist der mächtige Motor meist vorne untergebracht.

Ferrari

Jaguar

Lamborghini

Lotus

Mercedes

Porsche

## Plaketten

Alle Fahrzeuge tragen Plaketten, die den Namen des Herstellers zeigen. Das Pferd von Ferrari und der Raubtierkopf von Jaguar sind bekannte Abzeichen.

*Diablo* heißt eines der schönsten Supercars des italienischen Herstellers Lamborghini.

Die *Viper* von Chrysler ist ein Muscle Car. Sie ist der Straßenwagen mit dem größten Motor.

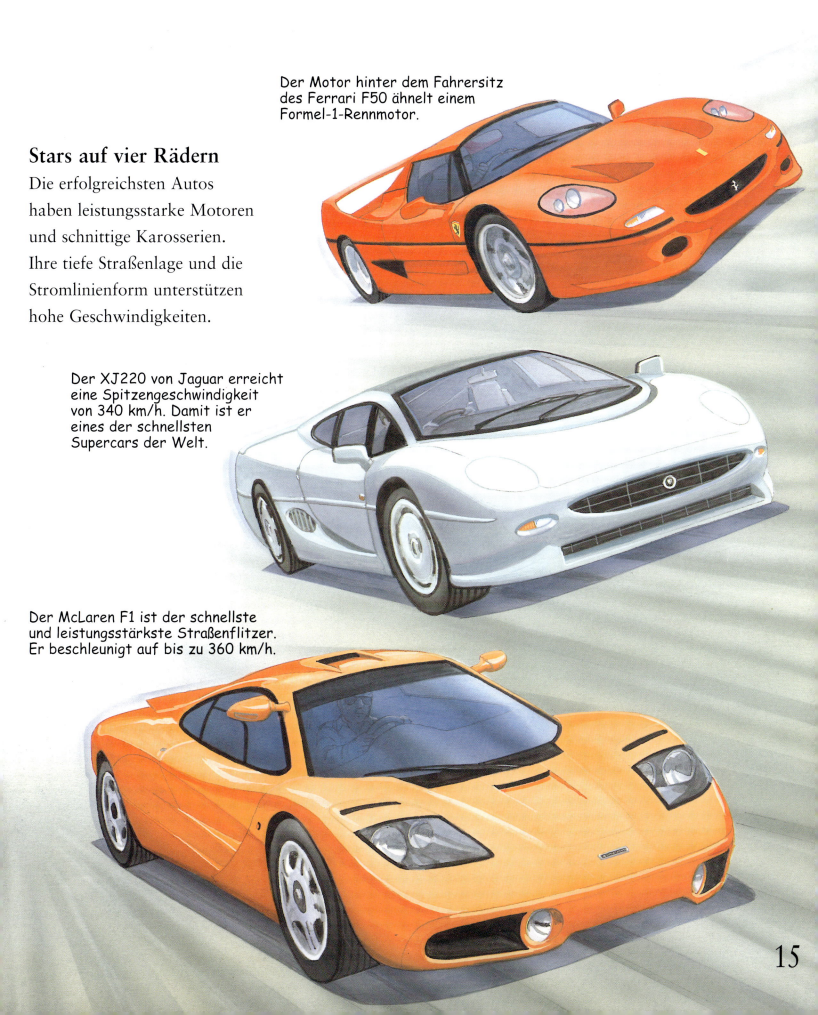

Der Motor hinter dem Fahrersitz des Ferrari F50 ähnelt einem Formel-1-Rennmotor.

## Stars auf vier Rädern

Die erfolgreichsten Autos haben leistungsstarke Motoren und schnittige Karosserien. Ihre tiefe Straßenlage und die Stromlinienform unterstützen hohe Geschwindigkeiten.

Der XJ220 von Jaguar erreicht eine Spitzengeschwindigkeit von 340 km/h. Damit ist er eines der schnellsten Supercars der Welt.

Der McLaren F1 ist der schnellste und leistungsstärkste Straßenflitzer. Er beschleunigt auf bis zu 360 km/h.

# Schnittige Rennräder

**Seit etwa 150 Jahren fahren die Menschen mit dem Fahrrad.** Aber noch immer werden neue Wege gesucht, Fahrräder schneller zu machen. Viele haben einen Rahmen aus Stahlrohr. Einige der schnellsten Rennräder bestehen aus Titan, einem leichten Metall. Die hochwertigsten Sporträder haben heute einen windschnittigen Aufbau aus Kohlefaser. Radrennfahrer tragen eng anliegende Anzüge und spitz zulaufende Schalenhelme, um der Luft möglichst wenig Widerstand zu bieten. 1995 machte Fred Rompelberg mit 268 km/h die schnellste Fahrt der Welt!

### Mountainbikes
So genannte „Mountainbikes" wurden für schwierige Geländefahrten an steilen Hängen entwickelt. Sie haben einen kräftigen Rahmen und breite Profilreifen, die auch auf lockerem Untergrund Halt geben.

### Liegeräder
Liegeräder gibt es als Zwei- oder Dreiräder. Der Fahrer tritt dabei auf dem Rücken liegend in die Pedale. Diese Haltung ist bequem, aber gewöhnungsbedürftig. Schnelle Räder wie dieses sind windschnittig gebaut.

Die Stromlinienform dieses Fahrrads unterstützt schnelles Fahren

**Olympische Radrennen**

Radfahren ist eine olympische Sportart. Zwei Mannschaften starten auf gegenüberliegenden Seiten einer ovalen Radrennbahn und versuchen sich gegenseitig einzuholen. Diese Disziplin heißt Verfolgungsrennen. Die Radrennbahn ist nach innen hin schräg abfallend. Dadurch bleiben die Rennfahrer auch bei über 60 km/h noch in ihrer Spur.

# Heiße Öfen

Zu den rasantesten Motorrädern gehören Maschinen, die auf Rennstrecken um den Sieg kämpfen, aber auch solche, die nur für neue Temporekorde gebaut werden. Sportliche Straßenmaschinen sind sehr schnell und erinnern an Rennmaschinen. Der Fahrer schmiegt sich eng an die windschnittige Verkleidung seiner Maschine. Denn alles, was über den Rahmen eines Motorrades heraussteht, bremst das Fahrzeug durch zusätzlichen Luftwiderstand.

**Grand Prix Rennen**
Bei Rennen erreichen Motorräder vergleichbare Geschwindigkeiten, weil sie über einheitliche Motoren verfügen. „Superbikes" erinnern an Straßenmaschinen, werden wie die meisten Rennfahrzeuge aber speziell für Rennstrecken gebaut.

## Dragster-Motorräder

Dragster-Motorräder erinnern an Dragster-Autos – nur auf zwei Rädern. Sie haben einen riesigen Motor, der ein gewaltiges Hinterrad antreibt, und rasen paarweise eine 402 Meter lange Rennstrecke entlang.

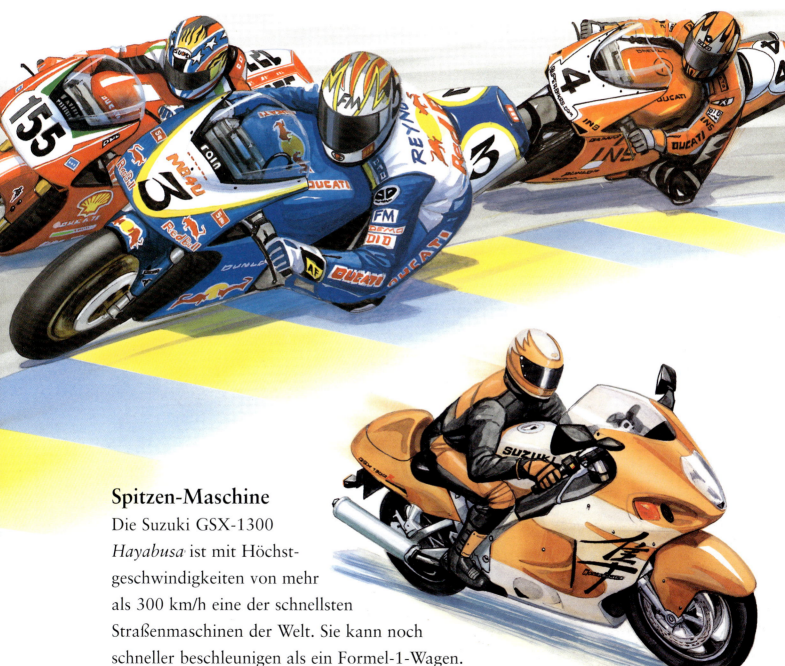

## Spitzen-Maschine

Die Suzuki GSX-1300 *Hayabusa* ist mit Höchstgeschwindigkeiten von mehr als 300 km/h eine der schnellsten Straßenmaschinen der Welt. Sie kann noch schneller beschleunigen als ein Formel-1-Wagen.

# Zügig unterwegs

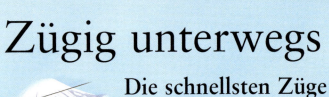

**Die schnellsten Züge der Welt werden über Stromleitungen angetrieben, die über den Gleisen hängen.** In der Zukunft werden sie noch schneller und möglicherweise ohne Räder dahingleiten. Heute werden Züge entwickelt, die mit Hilfe eines Magneten über der Spur gehalten werden. Man nennt sie Magnetschwebebahnen.

**Der japanische *Bullet***
Die ersten Shinkansen *Bullet* Hochgeschwindigkeitszüge fuhren 1964. Sie erreichten Spitzengeschwindigkeiten von mehr als 200 km/h. Seit 1997 ist ein verbesserter *Bullet* mit bis zu 300 km/h im Einsatz.

### Der ICE

Der deutsche Intercity-Express, oder ICE, kann mit Höchstgeschwindigkeiten von mehr als 400 km/h über die Schienen rasen. Mit Passagieren an Bord wird er gewöhnlich nur bei einem Tempo von 200 bis 280 km/h eingesetzt.

### Der *Transrapid*

Der *Transrapid* ist eine deutsche Magnetschwebebahn. Er schwebt über eine einzige Schiene. Bisher wurde er noch nicht für Fahrgäste eingesetzt. Er schafft eine Spitzengeschwindigkeit von 450 km/h.

### Der französische TGV

Die höchste Geschwindigkeit, die je auf einem nationalen Eisenbahnnetz gemessen wurde, liegt bei 515 km/h. Diesen Rekord stellte der französische TGV *Atlantique* im Jahr 1990 zwischen Courtalain und Tours auf.

21

# Leinen los!

**Tausende von Jahren waren Boote mit Segeln ausgestattet und kamen nur so schnell voran, wie es ihnen der Wind erlaubte.** Heute haben Boote Motoren, die sie viel schneller über das Wasser tragen als der Wind. Dennoch sind Wasserfahrzeuge langsamer als Autos oder Flugzeuge, weil Wasser mehr Widerstand bietet als Luft.

### Jet Ski
Diese schnellen Wasserflitzer fliegen von Düsen angetrieben durch die Wellen. Eine Maschine unter dem Sitz saugt Wasser ein und presst es hinten wieder heraus.

### Segelboote
Der Wind fängt sich in den Segeln einer Yacht und treibt das Boot über das Wasser. Die Seeleute hantieren mit dem Tauwerk und setzen die Segel so, dass sie den Wind am besten ausnutzen.

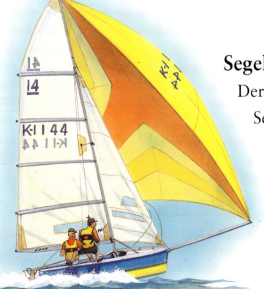

## Schnellboote

Kleine, schnelle Boote sind die Sportwagen der Gewässer. Sie können auf engstem Raum drehen und wenden und sind schnell und angenehm zu bedienen. Die meisten Schnellboote werden in Küstennähe gefahren. Sie sind ideal für Inselausflüge oder zum Wasserskifahren.

*Miss Freei*
Im Jahr 2000 beschleunigte Russ Wicks das Tragflügelboot *Miss Freei* auf ein Spitzentempo von 331 km/h. Das war ein neuer Rekord für ein Propellerboot.

# Die Wellenreiter

**Boote fahren langsamer als Autos und Flugzeuge, weil es mehr Kraft kostet, sie durch das Wasser zu bewegen.** Die schnellsten Boote gleiten über die Wasseroberfläche. Nur ihre wirbelnden Antriebsschrauben bleiben unter Wasser. Manche dieser Wellenreiter haben einen langgezogenen, schmalen Rumpf. Andere bewegen sich auf einem Paar schmaler, länglicher Rümpfe fort. Diese Boote heißen Katamarane.

### Schnellboot-Rennen

Schnellboote jagen mit 200 km/h über die Ziellinie. Wenn sie bei diesem Tempo auf eine Welle treffen, springen sie in die Luft bevor sie erneut auf dem Wasser aufprallen.

25

# Schnell wie der Wind

**Flugzeuge, die Reisende, Gepäck und Fracht von einem Ort zum anderen bringen, heißen Verkehrsflugzeuge.** Sie fliegen meist mit bis zu 900 km/h. Einzelne Kampfflugzeuge können auf bis zu 2 500 km/h beschleunigen. Nur selten werden Geschwindigkeiten von mehr als 3 000 km/h erreicht. Die meisten Kampfflieger und Verkehrsflugzeuge sind mit Düsenantrieb ausgestattet. Vor der Ära der Düsenflugzeuge waren Kampfflieger mit Propellerantrieb die Schnellsten in der Luft. Ihr Spitzentempo lag bei etwa 600 km/h.

**Wettkampf über den Wolken**
Die schnellsten Propellermaschinen der Vierzigerjahre sind heute noch flugtauglich. Kampfflugzeuge wie der P-51 *Mustang* nehmen an den „National Air Races" in den USA teil. Das ist das schnellste Flugrennen der Welt.

### *Concorde*
Das schnellste Passagierflugzeug der neueren Zeit ist das Überschallflugzeug *Concorde*. Bei einer Geschwindigkeit von 2 200 km/h befördert sie 100 Fluggäste über den Atlantischen Ozean. Sie ist mehr als doppelt so schnell wie jedes andere Verkehrsflugzeug.

**Die Bell X-1**

Das erste Flugzeug, das schneller flog als der Schall, war die Bell X-1. Dieses raketengetriebene Flugzeug startete am 14. Oktober 1947 zu seinem berühmten Flug.

**Die Mig-25**

Eines der schnellsten Flugzeuge der Welt ist der russische Kampfflieger Mig-25. Seine Höchstgeschwindigkeit liegt bei 3 395 km/h. Das ist etwa dreimal schneller als der Schall.

# Rasante Raketen

**Nur Raumfahrzeuge wie die X-15 und der Spaceshuttle haben bisher die dreifache Schallgeschwindigkeit erreicht.** Künftige Flugzeuge werden in der Lage sein, mit mehr als der fünffachen Schallgeschwindigkeit zu fliegen. Das heißt hypersonische Geschwindigkeit. Mithilfe des kleinen Vorläufermodells X-43 wird schon heute ein hypersonisches Flugzeug getestet.

**Der Spaceshuttle**
Die Raumfähre Spaceshuttle donnert in den Weltraum. Ihre Rückreise zur Erde legt sie mit 27 000 km/h zurück. Das entspricht etwa der 25fachen Schallgeschwindigkeit.

## X-43 im Test

Die X-43 kann nicht selbst starten. Sie wird unter der Tragfläche eines B-52 Bombers an einer Rakete befestigt. Wird die Rakete gezündet, beschleunigt sie die X-43 auf 7 500 km/h. Dann löst sich die X-43 von der Rakete, startet ihren Antrieb und fliegt aus eigener Kraft weiter.

## Die X-15

Die X-15 wurde anstelle eines Düsenantriebs von einer Rakete angetrieben. 1967 erreichte sie eine Geschwindigkeit, die etwa der siebenfachen Schallgeschwindigkeit entspricht.

# Rekorde ohne Ende?

**Auf der Erdoberfläche finden sich nur wenige Orte, die großflächig und eben genug sind, um dort ein Fahrzeug höher zu beschleunigen als wir das bisher können.** Außerhalb der Atmosphäre gibt es keine Luft, die das Tempo von Fahrzeugen verlangsamt. Dort können viel höhere Geschwindigkeiten als auf der Erde erreicht werden. Flugzeuge, die über die Atmosphäre hinausfliegen, übertreffen bei weitem die fünffache Schallgeschwindigkeit!

### *HyperSoar*
Dieses besondere Flugzeug soll sich eines Tages mit zehnfacher Schallgeschwindigkeit über der Atmosphäre fortbewegen. Es wird dann in der Lage sein, jeden Ort auf der Erde in nur zwei Stunden anzufliegen.

### *Apollo 10*
Die höchste Geschwindigkeit, der sich Menschen jemals ausgesetzt haben, waren 39 897 km/h! Dieses Spitzentempo erreichten 1969 die Astronauten der *Apollo 10*-Raumfähre auf ihrem Rückflug vom Mond zur Erde.

### Schnell allein reicht nicht
Nicht jedes neue Flugzeug ist schneller als das vorherige. Der französische Jagdbomber *Rafale* kann in der Luft wesentlich geschickter Saltos und Kehrtwendungen vollführen als viele ältere, schnellere Modelle seines Typs.

# Glossar

**Atmosphäre** Die Luftschicht, die sich rund um die Erdoberfläche befindet.

**Beschleunigen** Schneller werden. Ein Auto wird durch Betätigen des Gaspedals auf der Fahrerseite beschleunigt.

**Dragster** Ein Auto, Motorrad oder Boot, das für spezielle Dragster-Rennen benutzt wird. Diese Spezialfahrzeuge werden so entwickelt, dass sie innerhalb kürzester Zeit auf gerader Strecke Höchstgeschwindigkeiten erreichen. Dragster werden mit Fallschirmen gebremst.

**Düsenantrieb** Eine Form des Antriebs, der oft bei Geschwindigkeitsrekorden im Einsatz ist. Dabei wird vor allem Luft verbrannt, die vorher durch eine Turbine eingesaugt wird. Diese strömt hinten aus der Maschine als Düsenstrahl heraus und bewegt das Fahrzeug durch den Schub fort.

**Fallschirm** Ein großflächiger, runder Stoffschirm, der beim Öffnen so viel Luft wie möglich in sich fängt. Ein Fallschirm wird als Bremse für den schnellen, freien Fall des Fallschirmspringers eingesetzt, bei der Landung von Flugzeugen oder zum Bremsen schneller Bodenfahrzeuge.

**Flugzeug** Ein Fahrzeug, das so gebaut wurde, dass es durch die Luft fliegen kann.

**Hypersonisch** Schneller als mit fünffacher Schallgeschwindigkeit. Diese liegt bei etwa 5 400 km/h.

**Kampfflieger** Ein Flugzeug, das für das Militär entwickelt wurde, um in Kriegszeiten andere Flugzeuge anzugreifen.

**Karosserie** Die äußere Hülle eines Autos, die den Motor und die Fahrgäste umschließt und schützt.

**Kohlefaser** Ein Material, das leichter und widerstandsfähiger ist als Metall. Es besteht aus dünnen Kohlefäden, die von einem Kunststoff umhüllt und miteinander verbunden werden.

**Lokomotive** Der Triebwagen einer Eisenbahn, der Abteilwagen oder Güterwaggons zieht.

**Magnetschwebebahn** Ein Hochgeschwindigkeitszug, der mithilfe von Magneten auf einer Schiene gehalten wird.

**Rakete** Eine Maschine, die Treibstoff verbrennt, um einen Gasstrahl und damit einen Rückstoß zu erzeugen. Dadurch bewegt sich das Fahrzeug fort. Die für die Verbrennung des Treibstoffs benötigte Luft wird nicht wie beim Düsenantrieb angesaugt, sondern an Bord der Rakete mitgeführt. Deshalb kann sich eine Rakete auch im luftleeren Weltraum bewegen.

**Rumpf** Der Teil des Schiffskörpers, der sich im Wasser befindet.

**Schallgeschwindigkeit** Das Tempo, mit dem sich Schallwellen von einem Ort zum anderen ausbreiten. Nahe der Erdoberfläche liegt die Schallgeschwindigkeit bei etwa 1 225 km/h. Hoch am Himmel ist die Luft kühler und der Schall bewegt sich langsamer, etwa mit 1 060 km/h.

**Stromlinienförmig** Windschnittig geformt, um wenig Luftwiderstand zu erzeugen.

**Tragflügelboot** Ein Schnellboot mit Tragflügeln zu beiden Seiten des Rumpfes. Bei hohem Tempo hebt sich der Schiffsbauch aus dem Wasser und das Boot bewegt sich nur noch auf den Tragflächen und dem Propeller fort.

**Treibstoff** Ein Energieträger, der verbrannt wird, um damit eine Maschine anzutreiben. Ein Beispiel für einen Treibstoff ist Benzin.

**Überschallgeschwindigkeit** Ein Tempo, das über der Schallgeschwindigkeit liegt.

**Verkehrsflugzeug** Ein großes Flugzeug, das Fluggäste und Fracht befördert.

# Register

**A**
*Apollo 10* 30
Atmosphäre 30, 31
Audi R8 11

**B**
B-52 Bomber 29
Bell X-1 27
*Bluebird* 6
*Blue Flame* 5
Breedlove, Craig 8
Boote 7, 22–25
Boxenstopp 10

**C**
Campbell, Donald 6
Campbell, Malcolm 8
*Cat-Link V* 4
Chrysler 14
*Concorde* 26
Cugnot, Nicolas Joseph 4

**D**
Dampf 4, 6
*Diablo* 14
Dragster 12–13, 19, 31
Düsenantrieb 7, 8–9, 22, 26, 29, 31

**F**
Fahrrad 16–17
Fallschirm 13, 31
Ferrari 14
Ferrari F50 15
Flugzeuge 5, 6, 7, 26–29, 30, 31
Formel-1 10–11, 15, 19

**G**
Gabelich, Gary 5
*Goldenrod* 8
Grand Prix 10–11, 18
Green, Andy 9

**H**
*HyperSoar* 30
hypersonisch 28, 31

**I**
Intercity-Express 21

**J**
Jaguar 14
Jaguar XJ220 15
Jet Ski 22

**K**
Kampfflugzeuge 6, 26, 27, 31
Karosserie 15, 31
Katamaran 25
Kohlefaser 16, 31

**L**
Lamborghini 14
Le Mans 11
Liegerad 16
Lockheed SR-71 *Blackbird* 5
Lotus 14

**M**
Magnetschwebebahn 20, 21, 31
*Mallard* 6
McLaren F1 15
Mercedes 14
Mig-25 27
*Miss Freei* 24
Motorrad 18–19
Mountainbike 16
Muscle Car 14–15

**P**
P-51 *Mustang* 26
Plaketten 14
Porsche 14
Propellerboot 24

**R**
*Rafale* 30
Raketenantrieb 5, 7, 29, 31
Rallye 10
Rolls-Royce *Bluebird* 8
Rompelberg, Fred 16

**S**
Schallgeschwindigkeit 4, 5, 7, 27, 28, 29, 30
Schnellboot 23, 25
Segelboot 22
Shinkansen *Bullet* 20
Spaceshuttle 28
*Spirit of America* 8
*Spirit of Australia* 7
*Stanley Steamer* 6
Stromlinienform 15, 16, 31
Summers, Bob 8
Supercar 14–15
*Super Sabre* 6
Suzuki GSX-1300 *Hayabusa* 19

**T**
TGV *Atlantique* 21
*Thrust SSC* 9
*Thrust 2* 7
*Titan* 16
Tragflügelboot 24, 31
*Transrapid* 21

**U**
Überschallgeschwindigkeit 8–9, 27

**V**
Verkehrsflugzeug 26, 31
*Viper* 14

**W**
Wicks, Russ 24

**X**
X-15 7, 29
X-43 28, 29

**Z**
Zug 6, 20-21

32